MANUAL DE SUPERVIVENCIA PARA PARDILLOS EN POLÍTICA

Juan José Molina Gallardo

*A todas aquellas personas de buena voluntad que quieren
aportar su granito de arena para hacer de este mundo
un lugar mejor para vivir, el camino será duro, pero la
esperanza os dará la fuerza necesaria para continuar.*

CONTENIDO

"La política es un acto de equilibrio entre la gente que quiere entrar y aquellos que no quieren salir."

Jacques Benigne Bossuet *(1627-1704)*

INTRODUCCIÓN

Este manual es tan solo una serie de recomendaciones y reflexiones en tono humorístico para aquellos que quieran sobrevivir dentro de un partido político, personas que, por diferentes motivos, la mayoría de las veces altruistas, deciden entrar en política. Da igual que sea en un partido ya creado o en uno nuevo, esa característica no suele alterar significativamente el escenario. Tampoco es muy relevante la ideología, dado que lo que aquí nos importa es la condición humana que está por encima de las teorías, por muy sesudas que éstas sean.

Cualquier parecido con la realidad es pura coincidencia, se leía antiguamente al comienzo de algunas películas, en este caso no es así, cualquier parecido con la realidad es bastante real. Me he limitado a recoger experiencias propias y de otros compañeros, algunos en activo y otros ya no, que pueden ayudar a los novatos a comprender un poco mejor este complicado mundo de la política.

Lo primero que tiene que tener en cuenta el pardillo de turno es que no todos entran, ni están en una organización política con los mismos objetivos, lo que traducido significa que te vas a encontrar con especímenes carentes de todo escrúpulo a la hora de pisarte la cabeza si se la pones a tiro, para ellos no eres un compañero sino un potencial enemigo al que hay que dejar fuera de combate. Lo mismo harán con el Partido propiamente dicho, llegado el caso, si no sirve para sus fines, lo reventarán con deleite.

Si tienes localizado a un adversario en el partido y las hostilidades ya son manifiestas, no seas julay yendo de buen rollito y ofreciéndole la mano en señal de paz, te la arrancará de un bocado, he visto arrancarlas incluso a los de su propia cuerda por no llevar la pegatina distintiva en la frente, cuando un político de estos activa el chip destructivo se convierte en un terminator.

Todos los pardillos llegan con un saco de ética a la política, pero después de un rato advierten que algunos van muy rápidos, suben como la espuma, ¿por qué ocurre esto? Solo hay que fijarse bien, esos no llevan saco, lo podemos llamar baja intensidad ética ¿significa que carecen de ella? No, pero viajan con la mínima para que el fin no pueda ser contrariado por los medios, "el fin justifica los medios", es su lema y lo llevan tatuado en sus zonas íntimas que solo conocen los más allegados, el pardillo nunca podrá verlo hasta que pase al siguiente estadio, un estado parecido al "tonto útil". En esta etapa el novato se percata de que la unión hace la fuerza, para sobrevivir solo le queda asociarse a otros, pero atención nunca asociarse solo pardillos, es mejor, dado que el saco de ética ha ido vaciándose por el camino, acercarse a algún terminator ya baqueteado, el cual sin duda llevará ya las pinturas de guerra en la cara y enseñará a los novatos como hacer sus primeras emboscadas.

Todo lo que contamos, es porque alguien lo ha vivido, en primera persona o muy de cerca. algunos hemos visto arder políticos y Partidos Políticos más allá del cinturón de Orión.

LOS PRIMEROS DÍAS EN EL PARTIDO

Por la propiedad conmutativa: el orden no altera el valor del producto, lo mismo da, que da igual si el partido es nuevo como viejo, salvo ligeras diferencias, bien es cierto que es mucho más interesante lo que ocurre en un partido nuevo.

Todos los pardillos quieren hacer amigos, en las reuniones el corazón se les sale del pecho, quieren intervenir y hacerse ver, pero los nervios son los nervios y te traicionan a la mínima, ¡Me cachis, otra reunión de la que me he ido sin decir nada! Así no hago carrera...Los veteranos que controlan los resortes, normalmente porque estaban allí el día que repartían cachos, ejercen una atracción especial en el novato, a ver si le caigo bien, a ver de qué va este tío, por lo menos podré decir que conozco al coordinador, al Secretario de butifarras, al repartidor de pegatinas...Y luego está ese aire de superioridad con que miran los que ya tienen algún cachito, no todos, pero nunca falta el que se comporta así.

Estos primeros días los pardillos están revolucionados, si les preguntas la hora es probable que te respondan con la última ocurrencia del ministro de "inkultura", todo es política y cualquier excusa es buena para demostrar lo puesto que estás. Nadie habla mal de nadie, nadie conoce a nadie y todos se miran con una mezcla de incertidumbre y curiosidad, bueno todos no, en el grupo hay terminators camuflados, van de un buen rollo increíble, con el equipo de camuflaje al completo son prácticamente indetectables y no digamos para los pardillos que continúan todavía en el país de las maravillas, les oirás decir cosas como: pues el responsable de tal parece un tío muy amable, si, y que me dices del portavoz de pitipan hay que ver lo bien que habla…Pobres ilusos, vistos desde fuera son una pandilla de titis retozando felices en un estanque de cocodrilos antes de que empiece el festín.

No saltarse ninguna reunión, apuntarse a todos los grupos de trabajo, no faltarás a comida o cena de guardar, manifestaciones o protestas no te perderás y a tu coordinador de Agrupación o Territorial siempre respeto y sumisión demostrarás, si es públicamente mejor. Estos son en síntesis los primeros mandamientos que un pardillo ha de memorizar sin falta en sus primeros días de político.

LA TÉCNICA CANINA

Nunca solos, ni siquiera para ir al servicio, no lo olvidéis nunca queridos novicios de la política, en esta selva los peligros acechan por todas partes y un incauto solitario no va a ninguna parte, o se pierde y nadie vuelve a saber de él, esa suerte la han corrido miles y el final siempre es lo mismo: no si yo dejé la política porque el partido ya no me representaba ¿seguir pagando yo para que los chupópteros se peguen las farras a mi cuenta? lo dejé porque mi familia me dio un ultimátum, los afiliados somos un cero a la izquierda...Excusas queridos, detrás de todas ellas solo hay una historia de soledad, no encontraste tu tribu y estabas fuera de lugar en todas las reuniones, esa sensación la han tenido todos los pardillos los primeros días, pero si dura demasiado tienes que empezar a preocuparte; Y lo de la familia es muy socorrido, pero no nos engañemos si las cosas te van bien...la familia bien, gracias. El meollo de la cuestión está en qué hay de lo mío, eso de verlas pasar y no catarlas, se lleva fatal. He visto a perros ladradores incansables, mover el rabito y callarse como putos cuando les ha caído un trozo de pastel, fin de la revolución.

La técnica canina es la única que se me ocurre para explicar la formación de las tribus, es una especie de danza soterrada, giros alrededor de los unos y de los otros, olisqueamiento de posiciones sobre distintos temas, y por supuesto lo más importante entre políticos españoles, irse de cañas y que te rían algún chiste, si consigues colar una gracia acabas de ser admitido como miembro de honor en el grupo en cuestión. A partir de ese momento tu vida política ha dado un salto cualitativo, ya no eres el típico pardillo que llega a la reunión de turno y no sabe en dónde ponerse, ahora solo tienes que otear el horizonte y acomodarte entre los tuyos, unas palmaditas en la espalda, un guiño cómplice y esa sensación de protección que te da el grupo, algunos se vuelven hasta chulos y se atreven a provocar a otras tribus, se sienten amparados y seguros de que en caso de altercado los suyos saldrán en su ayuda, ¡A mí la legión! Aunque no aconsejo estas prácticas ya que no sería el primero que se ha quedado con el culo al aire, antes de lanzarse a la arena hay que asegurarse de la verdadera cohesión del grupo, de todas formas, no es malo que los chulitos se estrellen y pronto, es una forma muy sana de autoselección.

EL BUENISMO

Un pardillo es por excelencia un buenista, cree que va a cambiar el mundo y que los corruptos van a salir corriendo ante la elocuencia de su discurso, en su futuro político, el único lugar donde todos los planes salen bien, los más osados se ven ya de parlamentarios o incluso de ministros en un gobierno de santos incorruptos democráticos. Si es que soy muy bueno discurriendo, cómo va a haber gente que no piense como yo, se dicen para sus adentros...Y comienza la función, ¡venga esa sabia nueva a discurrir en los grupos de trabajo!, propuestas por aquí, por acullá, a babor y estribor ¡que no decaiga! Tochos de propuestas buenas y malas, que de todo hay en la viña del señor, fruto de muchas horas y reuniones que son enviadas a los CAPULL'CEL, que a su vez las envían a las CTT'ODES, que a su vez las envían al INDIO'CP, que a su vez las renvía al KGBCD, que las manda de vuelta al INDIO'CP para que las renvíe a las CTT'ODES que las devuelve a los CAPULL'CEL para que se las enseñen a los GT de donde salieron y donde para asombro de sus creadores ya no las reconoce ni su madre.

- ¿pero oiga donde están nuestras propuestas?

-Aquí, o acaso no las ve

- pues no, no las veo

-pero ¿cómo qué no? esto es lo mismo que ustedes dijeron, pero tamizado por los filtros que el partido tiene para adecuar sus propuestas a los fundamentos ideológicos in mácula macularon ¿ha quedado claro?

- ¡Ah! ahora sí que nos ha quedado claro.

-Se acuerda usted de la propuesta que hizo para reformar el sistema electoral en la elección de alcaldes y concejales, pues la redacción final acaba exactamente igual que la suya, hemos dejado el punto final, así que le agradecemos de todo corazón su valiosa aportación, atentamente suyos para siempre los responsables de programa del partido.

Cuando la cruda realidad entra por la puerta, el buenismo abre una botella de vodka y termina emborrachándose para olvidar y olvidarse.

EL PONENTE

¿**Y** éste quién es? pues ya lo dice la propia palabra, el que pone ¿Y qué pone? pues prácticamente lo pone todo. Lo primero que necesita un Partido son unos Estatutos, ahí entra el o los que redactan el borrador, lo mismo ocurre con los Programas políticos, alguien tiene que empezar, y una vez que paren la criatura, mucho cuidado con tocarla. Ellos por su ponencia: ¡matan!

El ponente adquiere diferentes formas humanas, desde el gordito bonachón, pasando por el educado y estirado, el barbas pitufón, el grande amable, el tecnócrata educadísimo, etc., etc., la galería es interminable, pero todos tienen una característica común y es su dieta, desayunan, comen y meriendan enmendantes y además suelen tener un apetito insaciable. Son como mantis religiosas, pardillo enmendante que pasa ¡zas! latigazo y engullido, algunos incluso se deleitan devorándolos con saña mientras exhiben el ritual delante de un público enfervorecido, porque el circo romano sigue vivo y siempre ha tenido sus adeptos que se lo pasan pipa viendo estas cosas; aunque no deja de ser un espectáculo de riesgo, en su orgía destructiva yo he visto como estos ponentes se comían a sus propios fans, gente del público e incluso a sus propios desparasitadores, cuando se lanzan lo mejor no estar cerca, los ojos se les enrojecen y se les hinchan las venas del cuello, la verdad es que acojonan.

Los pardillos tienen noticias de los ponentes por rumores lejanos, leyendas urbanas que circulan por los callejones oscuros de los partidos, pero la mayoría de ellos nunca han visto a uno, para verlos en persona y sobre todo en acción tienes que conseguir un billete para la capital del imperio y luego entradas para los tres fastuosos días de los juegos del circo, una especie de fiesta en honor del cesar y su corte, a la que solo se está invitado mediante costosos salvoconductos que se pueden conseguir de diferentes formas que ya contaré en otra ocasión.

Lo más cercano que está un novato de las acciones de un "Ponente" es cuando busca alguna de sus propuestas tan interesantes, tan fantásticas y llenas de sentido común etc., etc... Y se topa con unas fotocopias, labradas en piedra y sopladas, en lo alto de una montaña por una zarza ardiendo, a un Moisés ponente que vive en otra dimensión, inalcanzable de momento.

EL PARDILLO LUIS RICARDO

Mención aparte merece este espécimen, (no confundir con los afiliados que de buena fe ayudan todo lo que pueden), al cual se le distingue rápidamente por sus posturas serviciales, sus incontinentes reverencias y su incapacidad para una comunicación inteligente. Es de admirar su austeridad de pretensiones ya que se suelen conformar con sacarle brillo a los zapatos del capo más cercano al que se adhieren como rémoras, son fantásticos como recaderos, para la pega de carteles y labores de baja estofa no tienen igual, algunos también son utilizados en trabajos de espionaje, ve a la reunión de estos pascualines y cuéntanos "toito to lo que oigas". Es conveniente hablarles en su idioma castizo para que te entiendan claramente, por ejemplo, para mandarles un recado hay que decir lo siguiente: Luis Ricardo (sustitúyase este nombre por el propio del individuo en cuestión) hay una manifa el sábado en solidaridad con los enanos de jardín, monta una mesa del partido con muchos globos y repartición de pegatinas para que se nos vea y mucho, Luis Ricardo (sustitúyase este nombre por el propio del individuo en cuestión) ¡Ya! esta última parte del ritual es absolutamente necesaria, hay que ser rotundos y concisos en las órdenes sino se lían, y por supuesto después necesitan su galleta de recompensa, ésta puede ser algún carguito como

Management de Merchandaising (el que pone el puesto con los bolis de propaganda), Jefe de Logística (el que lleva la mesa y las pancartas), Coordinador para la recogida de firmas en la campaña para reivindicar los derechos civiles de los chimpancés, en fin lo más importante es que el nombre de la galleta sea largo y liosillo, ellos con eso ya son felices.

En cuanto a su aspecto suelen ser discretos, no les gusta llamar la atención se saben "poderes" en la sombra y en general tiran a feos, aunque esta es una apreciación absolutamente personal. Otra característica de estas mascotas es (como es normal en ellas) su fidelidad, cuando viene su amo mueven el rabito y saltan, éste les recompensa con una sonrisa y un saludo cómplice y ellos ya se activan para seguir la más mínima instrucción en forma oral o gestual.

La verdad, son unos pardillos entrañables y los hay en un número siempre apreciable, yo solo les aplicaría una vieja sentencia del Mio Cid, "Que buenos vasallos, si tuvieran buenos señores".

EL CHIRINGUITO DE FIRMAS

Llega la hora de remangarse y trabajar. Primera misión para los pardillos de turno: hay que recoger firmas. ¿Para qué? pregunta un iluso. Y qué más da soplagaitas, tu limítate a montar una mesa con su mantelito color del anagrama del partido, cuatro posters que se vean bien a modo de mural y "yastá". Y ahí los tienes, tres o cuatro horitas haga frío o calor con su carpetita, sus hojitas y su boli caza firmas. ¿Me firma usted para pedir un carril bici en mitad de la autovía del mediterráneo? ¿Cómol?...

Más antes que después, cuando ya los pies empiezan a echar humo de tanto patearte la calle de arriba abajo, te das cuenta de que en todas partes existen castas, sobre todo cuando recibes la visita de alguno de los gerifaltes de turno por el campo de batalla. Sonrisa ancha, sombrero de media ala y preguntita típica ¿qué, cómo va la cosa?... Y lo más importante, foto con carpetita, como si llevara toda la tarde recogiendo firmas como el primero y si hay suerte, entrevista con algún mini medio de comunicación. Luego, charlita con los pringaos de turno y hasta luego cocodrilo. Como decía, existen castas y los pardillos están en la de los intocables.

Una jartá de tiempo después se acaba la feria, recogen la mesita, los manteles, los posters, los panfletos, las carpetitas, los bolis y la madre que los parió y tira para la sede del partido a dejarlo todo…Y mientras, caminando fundidos hacia sus casas les van invadiendo dudas y reflexiones, ¿me habrá visto el Coordinador de favores locales recogiendo firmas?, ¿habré recogido yo más firmas que López, ese trepa…?,¿para qué leches necesitamos un carril bici en mitad de una autopista?,¿qué necesidad tengo yo de echar una tarde "asín" de tonta?...

SALVOCONDUCTOS PARA LOS CONGRESOS

En esas ferias es donde se gestan las leyes que rigen el Partido, pero no puede ir todo el mundo, la mucha gente sólo es buena "pa" la guerra. Tienen que ir debidamente seleccionados, específicamente los de la cuerda de la Dirección Nacional y sus adláteres regionales. La selección se hace muy democráticamente, se sacan las navajas y a descerrajar tajos, si es posible en el bajo vientre, que son mortales de necesidad. Vale todo, pantallazos, grabaciones, fotos o lo que sea, siempre que valga para poner en un aprieto al oponente. Eso sí, como dije antes, nunca solos, hay que buscar pandilla y presentar una lista de compromisarios. Válgame Dios si no estás en la lista oficialista, ya las "cagao". La lista oficial es la buena, la que tiene que ganar, y la que, contadas excepciones, siempre gana.

Si te enteras de que no estás en la lista "buena" el pardillo puede hacer tres cosas. Primera, lloriquear y arrastrarse pidiendo que lo metan. Segunda, a lo "Bravehearth", enfrentarte al aparato. Grave error. Muerte segura. Tercera, retirarse a los cuarteles de invierno y esperar, si algo bueno tiene la política es que todo da más vueltas que una peonza. Los que hoy manejan el cotarro, mañana por un giro del destino están mordiendo el polvo y llega el turno de los exiliados, pero claro, para aprovechar la coyuntura tienes que estar vivo, si ya te has suicidado no hay nada que hacer.

Una vez tienes el salvo conducto para el Circo, suerte y que no te meriende un ponente.

NO SOY NADIE

Esa es la sensación más peligrosa en política, cuando tienes la intuición de que todo el mundo te mira, sólo, sin nadie con quien hablar, más perdido que una foca en el desierto. Aciertas, te han fichado, clasificado y etiquetado: "pardillo" perdido. Efectivamente, todo el mundo te está mirando y relamiéndose, eres una presa facilona. Unos pasarán de ti, no necesitan apoyos, van sobraos o ya de vuelta. Otros si te necesitan, se te acercaran con alguna frase amable, técnica canina, tanteando el terreno, como los perros cuando se olisquean el culo. Si eres virgen, te enredaran con alguna cosilla para atraparte en su telaraña, sin darte cuenta formaras parte de una "familia", tu primera familia política. No te preocupes, es lo normal y necesario, ya te lo he dicho, en política no se puede estar solo ni para ir al baño. Las familias no son para siempre, van cambiando de miembros, es un no parar, los que entran por los que salen, siempre por los mismos motivos: ¿qué hay de lo mío?

Una vez aceptado en uno de estos clanes, el pardillo va cogiendo veteranía, empieza a distinguir buenos y malos, marcados por el clan por supuesto, porque en política todo se reduce a un axioma: estás conmigo o contra mí. No hay término medio y pobre del que se empeñe en no tomar partido, nunca mejor dicho, date por liquidado. No se está con "nadie" durante mucho tiempo, y si dura mucho tu soledad, es que tienes un problema. Lo jodido es saber si has acertado con la familia, aunque siempre estás a tiempo de dar el salto.

LAS ESCAPADAS SOLITARIAS

A ver, todos lo hemos hecho, o casi todos. "Encuentro para una reforma de la tributación autonómica en pos de un sistema justo, equidistante y biodegradable". Hostias, tengo que ir, van los jefes nacionales y los regionales, que se vea lo implicado que estoy, todo por los méritos.

Allá que te coges el coche, 800 kms. Una pasta en gastos, la parient@ si la tienes, cabreada como una mona y tú carretera y manta, con la carretera nacional "toa pa ti", tira millas.

Llegas al hotel y vas como una mantis religiosa en posición de caza, a ver si veo alguien conocido y me meto en una tribu. Tampoco hay que preocuparse, a poco que tengas ciertas habilidades sociales antes o después, encuentras a otros tan despistados como tú que se te pegan a ti como tú a ellos, como un salvavidas en mitad del océano.

Tres días aguantando una chapa de las buenas con ponentes imponentes, alguno bueno hay a veces, no vayamos a quitar méritos. Pero vamos a lo importante, misión cumplida, has estado en la creme de la creme, te han visto y te has dejado ver que es de lo que se trataba. Adiós, amigo a ver si nos vemos pronto, te mandaré esto y aquello, aquí tienes tu casa, y tú la tuya, muac, muac... y otros 800 kms. de vuelta "pa" tu casa. Con la cabeza alta, la cartera floja, nubarrones caseros en el horizonte, el cuerpo molido y con el marcador de relaciones públicas a tope.

De estas cositas salen muchos líos amorosos y de cama, no todo va a ser trabajo.

LAS COMIDAS

No hay nada más jerárquico que las comidas en un partido, la mesa en la que te toque es el fiel reflejo de tu posición en el partido, por eso, es un momento de pánico.
¿Con quién me habrán puesto? Por Dios, con los afiliados nuevos no, yo ya soy veterano. Cagon'lá, mira al panoli de Julian, en la mesa donde hay dos Secretarios orgánicos, me va a comer la tostada.

Por supuesto, los jefazos se sientan juntos, no porque sean amiguitos, seguramente algunos llevaran veneno para verterlo en el plato del comensal contiguo. Es sólo una cuestión de imagen, el rey y sus principales, la corte alrededor, los escuderos rodeando a la corte y luego ya, la plebe.

Como si fuera una comida medieval hay pasatiempos, discursitos y paseo de los reyes y su corte por las distintas mesas para deleite y satisfacción del pueblo, con selfis de serie, que no falte de nada.

He visto dentelladas de algún tonto l'aba a su subordinado de turno por sentar en la mesa principal a alguien disonante, según su parecer. Estas demostraciones de clasismo barato son la primera señal de descomposición de un partido, comprobado, junto con otras muchas cosas más, claro.

Al final, si te ha tocado una mesa de desgraciados no te queda otra que la técnica de las incursiones, como quien no lo quiere te levantas y a usurpar sillas vacías en otras mesas, saliditas a la terraza con los del fumeque y palique por aquí y por allá, cualquier cosa antes que morir de asco en una mesa de don nadies.

CRÍTICOS Y OFICIALISTAS

Atención a esta división, es crucial. Todos los partidos tienen su aparato de control, la parte oficial, y por supuesto, sus críticos. Dependiendo de donde te adscribas, así será de placentera o jodida tu vida en el partido. Lo mejor es aprender con un partido de prueba, osea, te metes en un partido donde vas de crítico, te llevas todas las hostias de la temporada, putadas a gogó, expedientes, revocaciones, y expulsión final, si no te vas tu antes para quedar más digno. Esto es un master de los buenos, ya sé que es un sacrificio, como mínimo un par de años de aprendizaje y sin tocar pelo, pero si los aprovechas bien, luego eres un "ninja" de la política.

No te pueden matar dos veces, en el próximo partido eres un veterano, las vas a ver venir desde el horizonte y de paso te encontrarás con otros excompañeros del master, a esos ya los tienes calados.

Sabrás qué hacer según el momento, a quién acercarse, cómo llegar a los objetivos por atajos desconocidos para la mayoría, cómo esquivar los navajazos, evitar las minas, y, sobre todo, seguir vivo, que en política no es poco. Durante este tiempo verás despeñarse a los críticos del momento, pardillos que te recuerdan a ti en un pasado no muy lejano.

Es la época de tragar sapos, y dura un buen rato, de hablar lo justo, sonreír en los momentos adecuados y a los individuos pertinentes. Son los tiempos del miedo, miedo a cagarla en cualquier momento. Eso os pasa porque tenéis objetivos que alcanzar y son necesarios los sacrificios, por una buena causa, tu causa.

Si os sirve de consuelo, algunos, sólo algunos, además de lograr sobrevivir superan este periodo y alcanzan el día de la liberación, pero de eso hablaremos más adelante.

Mientras, que sirva de máxima, si decides ser crítico que sea para aprender y con la seguridad de que la palmas. Si no, mejor ser un traga sapos hasta donde seas capaz y, suerte.

NO SOY YO

Desde el momento que entras en un partido político y decides hacer carrera en él, dejas de ser tú, para ser otro. Esta metamorfosis se produce siempre que ocupas un cargo orgánico o público, mientras seas afiliado raso no es un proceso biológico inevitable, puede ser una pose o a lo sumo, una sobre actuación por exceso de entusiasmo.

Pero si eres un cargo, hay amigo, es inevitable, dejas de ser tú para convertirte en la voz del partido. La voz del partido es una cosa lejana, que en ocasiones, dice unas gilipolleces infumables, pero siempre tienes que estar atento a lo que diga porque si no la oyes y dices lo que dirías tú, si siguieras siendo tú, es muy probable que acabes en la morgue política. Por eso los políticos hablan tan raro, les preguntes lo que les preguntes, ellos te contestaran otra cosa, es una técnica muy vieja, pregunten lo que quieran, que yo responderé lo que me salga de las partes blandas.

En realidad, es mieditis, nadie quiere meterse en un jardín, así que mejor salgo por peteneras no vaya a ser que diga lo contrario que algunos de arriba, que por cierto, en este momento no sé lo que han dicho.

Pero claro, ser otro distinto a ti, es muy cansado. Todo el día midiendo las palabras, las frases, las respuestas, no vaya a ser que se moleste fulanito, que me la monte menganito, o, sobre todo, que me saquen un titular de los de ya la has liado, en fin, es un sin vivir.

Pero, ante todo, no se te ocurra usar la frase de amateur: "en mi opinión", "yo opino". Tú no opinas nada, tú ya no tienes opinión, cuando opinas tú, opina el partido que no siempre opina como tú, si te gusta bien, y si no, también.

LOS CONGRESOS

Los Congresos son como si te invitaran a comer un menú degustación, ya está todo cocinado, con una bonita presentación y listo para servir.

Se supone que allí se van a decidir los estatutos del partido, la organización, los fundamentos ideológicos y lo que haga falta, y es cierto, sólo que normalmente ya está todo decidido. Las ponencias las han hecho personas elegidas por la cúpula del partido, por lo tanto, representan lo que le gusta a la cúpula. Los que van al Congreso, como hemos explicado en "salvoconductos para los Congresos", están cuidadosamente seleccionados, excepto el típico grupito de críticos suicidas que consiguen, como un comando de fuerzas especiales, colarse entre las filas enemigas.

Una vez allí, toca votar lo que ya te han dicho que tenías que votar, que para eso te han metido en la lista oficial y a cambio vas a ser un buen chico. Por si alguno se despista, votamos a mano alzada, ojo al dato, que nadie piense mal, es por cuestiones de agilidad, ya me entienden.

El Congreso se termina, todo ha sido muy democrático y, o sorpresa, prácticamente no se ha cambiado una coma de las ponencias originales, bueno si, alguna cosilla, por el qué dirán.

Por lo demás, es una ocasión estupenda para hacer una escapadita con una buena excusa, me voy a un Congreso nena o nene, es una cosa muy importante, ya tú sabes. A todo esto, la parienta o el pariente se te queda mirando, en silencio, un silencio atronador, que te lo dice todo y lo hace sin palabras, que es como más claras quedan las cosas.

Para los afiliados que van es como una excursión de colegio, he visto viajes de fin de curso más formalitos que las noches de hotel de algunos Congresos.

Carpe diem.

CONMIGO O CONTRA MI

Esto es algo que debéis aprender pronto, no existe el término medio. Eso de no, yo no estoy con nadie, estoy con el proyecto y bla, bla, bla, …sólo te va a servir para que te disparen desde todos los lados. Si te ven un tipo peligroso para los intereses de determinado grupo, intentaran captarte y si no es posible, aniquilarte, en política no se hacen prisioneros.
Y en parte, es entendible, no es el primer muerto que resucita y se carga a sus verdugos, moraleja, no estaría tan muerto.

Si te decides por alguna facción, tendrás su amparo y cuando lleguen las primeras andanadas podrás cobijarte, y contratacar. Si estás solo, date por jodido, nadie vendrá en tu ayuda, porque no vas con nadie.

Tiempo tendrás, si sobrevives y alcanzas una posición dominante, de dedicarte al proyecto, pero para eso falta mucho. Recuerda, solo, ni a mear. En el hábitat político los idealismos son para los principiantes, los veteranos saben que eso es una debilidad que mata cuando eres un pringado, antes de sacar los ideales a pasear, hay que pasar muchas pantallas y gastar unos cuantos comodines. La política es como atravesar un campo de minas, rodeado de franco tiradores esperando el momento oportuno para hacer blanco, salir ileso cada día, es un milagro.

BRUTO Y SUS COLEGAS

No me creo que Cesar no supiera de antemano que el "Bruto" de su hijo iba a darle una puñalada trapera. Es verdad que a veces te puede sorprender una traición, pero en política, a los que no son trigo limpio se les ve el plumero antes o después, así que luego no vayamos de víctimas si fulanito o menganita te la ha jugado, como decía aquel, se veía venir.

Ni siquiera hace falta que sean amigos o compinches, si hay un objetivo a la vista y uniendo sus fuerzas lo pueden alcanzar, lo harán, luego de conseguirlo volverán a lo suyo y si es necesario, a despedazarse entre ellos. Si alguien intentó liquidarte y no lo consiguió, sabe que se ha ganado un enemigo latente, con efectos retardados y, además con justificación: él lo intentó primero.

Esa gente sin escrúpulos son los mejores candidatos para las victorias rápidas, las escaramuzas en las que, si les es posible, no harán prisioneros. Bien es verdad que quien a hierro mata, a hierro muere. Esa política de tierra quemada, antes o después les pasa factura, siempre queda algún muerto que aún sigue vivo y esperando su momento.

El problema es el daño que hace este tipo de gente a los partidos y a sus compañeros, los malos tienen mucha más resistencia y a cada paso que dan, van seleccionándose, de manera que al final los que sobreviven son los más peligrosos, los que menos escrúpulos y principios tienen a la hora de cometer sus fechorías. Aquellos que tienen algo de ética se van quedando por el camino, y los mejores duran lo justo, porque no están preparados para soportar tanta hipocresía, lameculismo y puñaladas.

Conclusión, suena feo, pero en política si te traicionan es porque has sido un pardillo incapaz de ver a estos especímenes a tiempo, te lo tienes merecido.

EL SUPERVIVIENTE

Nadie sabe cómo, ni cuándo sucedió, hay rumores, historias que circulan, pero nunca se sabrá la verdad, los hay en todos los partidos, son los supervivientes.
Los puedes ver saliendo entre una nube de humo y polvo, a cámara lenta, después de una gran explosión, de un sunami o un terremoto devastador, como un héroe, con paso lento, con jirones en la americana y exhibiendo sin complejos sus cicatrices ganadas a pulso en cada batalla, no muchas, las justas.

La inteligencia y la suerte van de su mano a partes iguales, los veras caer a todos, menos a ellos. Están programados para sortear las minas, las puñaladas, las celadas y los ajustes de cuentas. Como un personaje de Matrix, el superviviente las ve venir a cámara lenta y puede contorsionarse hasta lo inimaginable para esquivar su final.

Ellos no caen nunca, a lo sumo, se van cuando ya no les interesa lo que tienen delante o simplemente, se han cansado de jugar.

Se hacen indispensables para todos, es su camuflaje, gane quien gane no sabrán en qué bando estaba y, además, le necesitaran porque son listos y están envueltos por cierta aura.

En el trayecto vital dentro de un partido, antes o después te encuentras con alguno de ellos, obsérvalos, aprende lo que puedas y, sobre todo, disfruta viéndoles emerger de entre la polvareda de alguna hecatombe, con paso seguro y sacudiéndose el polvo.

HAY QUE HABLAR

Que vaya quedando claro que, si no te gusta hablar en público, lo llevas crudo. Nadie se va a fijar en ti si eres un ladrillo en la pared, a no ser que estés para mojar pan, que ayuda, pero no tanto como pueda ser en otros ámbitos, aquí hay mucho tiburón suelto que se comen a los "petí suisse" y se quedan tan panchos.

Hay que hablar, pero no cansar, porque los hay que cuando cogen el micro hay que quitárselo a pescozones, no se trata de escucharse a uno mismo, si no de que te escuchen a ti, y para eso debes saber mantener la atención y no matar al personal de aburrimiento.

No hablar es malo porque no existes, pero hablar es peligroso porque te expones en campo abierto y sin camuflaje. Se fijarán en ti tanto los que te pueden ayudar si les gusta lo que dices, y la manera en que lo dices, como los que te consideren un competidor a batir para conseguir sus objetivos.

Pero la política es una profesión de riesgo constante y no cabe esconderse, hay que lanzarse a la piscina una y otra vez, ir cogiendo tablas y aprendiendo, nadie nace enseñado. Y un consejo, no te pases el tiempo pensando y repitiendo mentalmente lo que vas a decir, dedica el tiempo a escuchar lo que dicen los otros y después, si tienes las ideas claras y la cabeza bien amueblada, ya te saldrán las palabras una detrás de otra hilvanando tu discurso.

LAS LISTAS

Cuando se acercan elecciones es como la época de la berrea en los ciervos, empiezan los berridos y los topetazos. Entrar en las listas es como ser pre seleccionado para subir al transbordador, muchos son los llamados, pero pocos los elegidos. Hay que rellenar con nombres la papeleta y a partir de una determinada posición, pongamos más allá de los cinco primeros y aun siendo ya un partido consolidado y con expectativas, prácticamente las posibilidades de salir elegido decaen de forma exponencial, pero estar en la lista es importante, aunque sea de relleno, significa que existes, te conocen y en esta no, pero en la próxima quién sabe.

Por supuesto, los cinco primeros son los premios gordos y esos se pelean a topetazos de los buenos. El número uno lo decide el partido, incluso cuando hay primarias, lo decide el partido. Porque el partido tiene un plan, y es lógico que lo tenga, y si alguien se atreve a ir contra el plan, entonces va contra el partido. Que sí, que sí, que hay primarias, pero ojo con presentarte contra el elegido por el partido, sobre todo si existe la más remota posibilidad de que le ganes. Cuando aparece un rebelde peligroso se le llama a consultas y de buenas se le ofrece algo a cambio, algo goloso si es un rival muy peligroso, y se prueba a ver si traga, que no, entonces llega el plan B que no es otro que dejarle caer al susodicho en qué pozo de mierda se va a meter como se presente y no gane, o como se presente y gane, porque del uno para atrás no va a conocer a ni

Dios.

Queridos pardillos, llega la hora de la decisión.

"Todo en el Partido, nada fuera del Partido, nada contra el Partido". No voy a deciros quienes acuñaron esa vieja frase, buscadlo, pero aplicárosla como si fuera el primer mandamiento de la política.

Sólo hay un momento en el que uno se puede enfrentar al Partido, pero eso es más adelante, ahora estamos aprendiendo a sobrevivir con lo que, si sois inteligentes, cogeréis lo que os ofrecen, incluso con negociación para aprovechar la coyuntura y a otra cosa, mariposa.

No os imagináis la de pardillos que se han suicidado políticamente por lanzarse sin paracaídas y a destiempo del avión.

Si te presentas y no te dicen nada, es que les da igual, incluso viene bien porque todo parece más democrático, no eres una amenaza, pero ten claro que te van a tomar la matrícula por no remar en la misma dirección que marca el ojo que todo lo ve.

LOS CARGOS ORGÁNICOS

Un cargo orgánico es básicamente uno que reparte el bacalao en su barracón, en un partido son importantes porque hacen, deshacen y estropician, generalmente, que da gusto.

Por supuesto, la generosidad empieza por uno mismo, con lo que ellos, quitando órdenes superiores que se tragan sin rechistar, en las listas se colocan muy bien. Hay que aclarar que exceptuando el número uno, que ya hemos visto cómo se elige y no siempre se hacen primarias, el resto de la lista se hace con dedos mágicos.

El gran problema de los Partidos es que nadie conoce a nadie lo suficiente como para fiarse de él, así que el principio fundamental que rige la selección se llama Lealtad. No importa que seas idiota, tonto del culo, déspota en los ratos libres, pirado del todo o lo que sea que seas, lo importante es que seas un fiel cooperador de tu inmediato superior que es quien te va a dar con su dedo mágico un cargo. Claro, con estos mimbres no es de extrañar los cestos políticos que tenemos.

Por eso se ve lo que se ve, traiciones, vendettas y toda clase de barbaridades que se cometen entre los que se querían tanto y tanto se protegían, la lealtad se acaba donde comienzan los intereses personales de algunos y a Rey muerto, Rey puesto.

Como es lógico esta clase de selección del personal funciona a la inversa, los que tienen principios y algo de sesera, terminan liquidados, cansados y hartos de ver como la mediocridad va coronando ocho miles y ellos no se comen una rosca, porque un tipo que piensa por encima de lealtades, es un tipo peligroso.

Esta es una de las grandes desgracias que tiene la política, la mayoría de los cargos en un Partido son el resultado de estrategias personales, amiguismos y conveniencias entre convenientes, pero hay amigo, si quieres escalar ocho miles, empieza a buscar "compis" a los que vender tu lealtad hasta que consigas tu cargo y vayas tejiendo tu red de leales, y no olvides que algún día uno de ellos, o varios, te darán la puñalada, porca miseria.

LOS PARACAIDISTAS

Dícese de aquellos que vienen de otros partidos, generalmente de los grandes de toda la vida, en los que han medrado a veces con éxito y otras no. Las excusas son de todo tipo, ya no me reconocía en el partido, el rumbo que había tomado ya no era el mío, aquí sí que encontrado por fin algo que me representa, etc. Pero la verdad está ahí fuera. En la mayoría de los casos se trata de gente que no se ha comido una rosca en donde estaban y de otros que, si consiguieron llegar a puestos importantes, pero ahora han perdido su "baraka" o creen que esa formación ya no tiene futuro ni para ellos y probablemente, ni para sí misma. Los primeros no son peligrosos, si no se comieron una rosca antes se debe a sus torpezas por lo que es probable que tampoco se la coman en el nuevo partido. En cuanto a los segundos, cuidado, vienen enseñados y resabiados, saben cómo sobrevivir, hacerse visibles, a quién acercarse y cuando es su momento, por eso no es de extrañar verlos en puestos relevantes en poco tiempo. No vienen a pasar el rato, no son pardillos, tienen un objetivo y no pararan hasta lograr conseguirlo.

Los hay de diferentes tamaños, los pequeños y medianos suelen lanzarse por su propia cuenta, a ver lo que pasa, los pesos pesados vienen con padrinos y alfombra roja en muchas ocasiones, son fichajes que supuestamente añaden valor y traen votos.

Nada que objetar, la gente es libre de estar donde quiera y buscarse la vida como mejor pueda. Los hay de muchos pelajes, aunque todos tienen una característica común, cuando ya no hay botín que arramblar, son los primeros en saltar de la nave como las ratas de los barcos que se hunden. No están allí por el proyecto, ni por ideales, ni por nada que no sea su propio interés por lo que no van a sentir ni el más mínimo remordimiento cuando deciden tomar las de Villadiego echando pestes y sacudiéndose el polvo de las sandalias.

Estas gentes suelen estar en la categoría de los desagradecidos, que tendrán su propio capítulo.

LOS DESAGRADECIDOS

Se puede ser muchas cosas en esta vida, pero una de las más repugnantes es ser un desagradecido. Ser incapaz de tener la honestidad de reconocer que has recibido cosas buenas y dar las gracias por ello, o por lo menos, no defecar en la cara de los que te lo han dado, que es lo menos.

Pues en política, seres así de abyectos los hay por doquier. Gente que no ha sido nada en política hasta que llegaron a un partido, y ya sea por méritos propios o por las vueltas que da la vida, consiguen escalar en la organización y llegar hasta puestos, incluidos cargos públicos, a los que no hubieran optado ni por asomo si no es por el esfuerzo de miles de personas, en la mayoría de los casos anónimas, que han trabajado para que los primeros de las listas lleguen a meta.

Mientras están saboreando las mieles del éxito puedes ver sus mejores sonrisas, sus poses más mediáticas y sus "yo por mi partido, mato", pero hay amigo, cuando se acaba la fiesta y se cierra la barra libre, entonces descubres la verdadera alma de esos Judas falsos. Porque ellos lo valen, se creen tan buenos que no admiten el relevo, son ellos o nadie, o conmigo o contra mí ¿se acuerdan?

Les verás despotricar contra su partido como si les hubieran torturado, violado y engañado. Los verás muy ofendiditos y cargados de razones, pero la única verdad que se esconde detrás de esa actitud es su egoísmo, su egocentrismo y sus ambiciones personales y crematísticas.

Esa gente ni son políticos de verdad, ni saben lo que es la política de altura, son arribistas. En la vida se gana y se pierde, y a veces sólo se pierde, pero si encima has tenido la potra de haber ganado, se un Señor y cuando vengan mal dadas, vete a tu casa con la cabeza alta y dando las gracias por todo lo que te dieron, recuerda que viniste con una mano delante y otra detrás. Deja de echar mierda sobre la organización y, sobre todo, deja de escupir a los que de verdad están ahí por sus ideales y porque quieren cambiar las cosas. Hoy por hoy, lo único que tenemos para hacer política y no volver a matarnos por alcanzar el poder son los partidos políticos, por muy imperfectos que sean.

Así que, pardillos del mundo, creced y multiplicaros, luchad por vuestros ideales, aprended a sobrevivir, aleluya por los que salgáis victoriosos y honor a los que perdáis, pero nunca, nunca os convirtáis en unos abyectos desagradecidos.

LOS NUMBER ONE

No sabría decir si nacen o se hacen, si son "asín" de paranoicos antes o una vez son elegidos se transforman. Es casi imposible encontrar a uno normal.

Viven en una sospecha constante de conspiración, todo el mundo conspira contra ellos y claro, así no hay quien viva. Como si el resto del mundo no tuviera otra cosa que hacer que pasarse el día urdiendo planes para derrocarlos: que si fulanita sabía esto y no me lo ha dicho, que menganito se reunió con fulanito sin decirme nada, que aquel pretende no sé qué, que lo sé de buena tinta por no sé quién, y así todos los santos días. Acaban desquiciados y desquiciando a todo lo que tienen cerca, las subidas a la gloria y las caídas en desgracia de los que les rodean son un no parar diario.

Y a su alrededor se va forjando un círculo pretoriano de unos pocos de confianza, que viven en la desconfianza continua, pues no saben qué día meterán la pata y caerán por el precipicio de una patada en el culo. Miedo y sumisión a su alrededor que convierte a los Number One en unos personajes déspotas e imprevisibles a los que hay que reírles las gracias y aplaudir las cagadas por muy grandes y apestosas que sean, porque llegados a ese punto de endiosamiento, no admiten las críticas y si las haces, prepárate, no tendrás contestación inmediata, pero si una de esas miradas que lo dicen todo, tu suerte está echada.

Esa manera de actuar lo único que consigue es crearse enemigos entre los propios amigos que, llegado el día de la revancha, no se van a cortar un duro.

Luego llegan el llanto y crujir de dientes, la soledad del número uno cuando cae, no se explica cómo han podido hacerle esto a él, que los sacó de un charco a todos y los llevó a palacio, y así le pagan, habrase visto pandilla de traidores impresentables.

Se llama política estimado pardillo, nadie conoce a nadie y nadie, en la inmensa mayoría de las ocasiones, se inmola por otro que no sea uno mismo. Triste destino el de los number one.

LOS DÍAS BONITOS

Como casi todo lo bueno, suelen durar lo justo. Es como ir pisando sobre nubes, enhorabuena pardillo, lo has conseguido. Ya eres cargo público y todos y todas somos estupendos. Debes disfrutar estos momentos, es lo que toca, recoger tu acta o tomar posesión de tu cargo, fotos por aquí, palabras de agradecimiento, entrevistas, etc. No te cortes un duro, como si no hubiera un mañana, que lo habrá, y como dice ese azulejo que cuelga en algunos comercios: "Has visto que día tan bonito hace, pues seguro que viene alguien y lo jode".

Esos primeros días son excitantes, todo es nuevo, nuevo despacho, nuevo Iphone y Ipad, nuevo sueldo de los que no se le hacen ascos, asistente personal, jefe de gabinete y no te endosan un mayordomo porque está anticuado, incluso puede que coche oficial con conductor, como un Señor.

Luego la cosa se va atemperando, los maravillosos compis, los estupendos, empiezan a enseñar la patita y algunos hasta la zarpa. Es como el enamoramiento, los primeros tiempos son como si estuviéramos drogados, incapaces de ver las imperfecciones y los cortocircuitos, aunque salten chispas, luego conforme se va pasando ese estado nos topamos con la cruda realidad de que, a lo mejor, y sólo digo que, a lo mejor, nuestro estimado compi concejal, diputado o Consejero o lo que sea, es un imbécil de los pies a la cabeza. Ya lo sabías, pero en ese estado químico de euforia se te olvidó momentáneamente, y lo peor es que ese tipo de condiciones humanas cuando se acercan al poder se infectan de unos humos y soberbias que los hacen insoportables.

Pero no te queda otra que relajarte, porque te queda un buen trecho por delante que aguantar, ya se sabe: el que tiene acta, se jacta. Las actas para algunos son como el escudo del Capitán América, lo paran todo y si se lían la manta a la cabeza se convierten en patente de corso para hacer lo inimaginable. Lo he visto con estos ojitos.

EL HALO

No sabría explicar muy bien lo que es, pero conforme vas escalando posiciones empieza a envolverte y se va haciendo más grande y denso. Es el Halo del Poder, lo has visto en otros y puedes llegar a tenerlo. La primera sensación que se tiene cuando estas con alguien ungido es la de que en unos minutos te estás jugando todo el futuro, da igual que sea un corrillo, una reunión, un encuentro casual, parece que tuvieras que hacer el speech del ascensor en cualquier sitio, colar las palabras adecuadas para que el iluminado se fije en ti, lo que convierte los momentos en los que estás con los importantes en situaciones de stress poco agradables. Sin embargo, el portador del Halo va como Dios, se nota envuelto por el campo de fuerza de su presencia, sabe que los demás están dorándole la píldora, esperando una mirada, un gesto de aprobación, o que les dirija la palabra. ¡Ho Dios mío, me ha dicho que se alegra mucho de verme! Esto va viento en popa. Por supuesto, la mayoría del tiempo los VIP no se enteran de a quien saludan, ni de lo que les dicen, porque, todo hay que decirlo, abundan los brasas que empiezan con su tole tole de vete tú a saber qué, que no hay quien lo aguante.

No suele aparecer de un día para otro, normalmente los Halos buenos van creciendo poco a poco, los que lo consiguen muy rápido suele durarles un visto y no visto. Hay que trabajarse el prestigio, y si es sólido, una vez que se afianza se suele quedar para siempre, podrá perder influencia o poder, pero cuando se ha ganado por galones y en el campo de batalla también se gana el respeto por mucho tiempo.

Es una sensación agradable, sobre todo si se sabe llevar con humildad y no te vuelves un idiota engreído, por eso pardillos, aprended a distinguir entre los ungidos a los que lo son de verdad y los que lo son por carambola, a los primeros, respeto y pegaros todo lo que podáis que algo bueno sacaréis y a los segundos, ni puñetero caso.

PIE DE REY

El pie de rey es esa herramienta con forma rarita que se utiliza para tomar medidas de precisión, pues algo parecido hay que llevar en la boca cuando estás jugando a la política profesional, por eso hablan tan raro los políticos.
Desde que te levantas hasta que te acuestas hay un ejército de franco tiradores acechando para ver el momento en que la cagas, y antes o después, la cagas.

Una vez hayas cometido el error los tiros te van a venir por todas partes, pero los más peligrosos son los que vienen por la espalda, es decir, de los tuyos, fuego amigo. En un partido siempre hay gente codiciando tu gallina, y en cuanto vean una posibilidad de quitártela no lo van a dudar, por eso, no les debes dar oportunidad.

Si eres un tipo honesto de los que les gusta encarar de frente el día a día, tus posibilidades para meterte en líos crecerán de manera exponencial, no es recomendable si quieres sobrevivir más tiempo en política. Te darán instrucciones para evitar decir la verdad sin por ello tener que mentir, simplemente se trata de no contestar a lo que te preguntan si es algo comprometido o que desconoces. Que te preguntan qué te parece lo que ha dicho García de tú partido, pues tú les contestas ¿García, qué García? Vas a quedar como un gilipollas, pero te vas a evitar un lío gordo que luego te va a traer muchos problemas.

Si García la ha cagado, pues que se las apañe García. El problema de esta técnica es que al final parece que los políticos toman por idiotas a la gente, y en parte es así. A lo mejor hay alguno que se cree que eludiendo las respuestas queda incluso bien ante la opinión pública, pues no, se les ve el plumero a distancia y cansan al personal hasta decir basta, pero eso sí, dentro del campo de minas de sus partidos es probable que salgan intactos para seguir vivos.

Como esto es un manual de supervivencia, estimado lector, ya sabe la técnica: deje que le pregunten lo que quiera, que ya responderá usted lo que le salga de la entrepierna.

LOS ENCHUFES

Una de las cosas que mantienen viva una organización como un partido político son los "puestecicos" que aparecen en cuanto se toca poder. Ya os podéis imaginar lo golosos que son, sobre todo para la gente que está a dos velas y ve una oportunidad de salir de esa triste condición.

Los enchufes en sí, no son ni buenos, ni malos, es una opción como otra cualquiera para seleccionar al personal, como dice la canción: ni encantado, ni arrepentido de haberlos conocido.

Como es lógico, lo más justo es una selección por capacidades y talento, pero eso en política es una utopía, como ya hemos visto, el talento que más se valora es la lealtad y lo demás, se le supone. Hay que entender que la gente no va a estar dando el callo, a veces durante años, para que luego no se recompense de alguna manera sus servicios, de hecho, esta es una de las causas más comunes por las que se entra y sale de los partidos: esfuerzo no recompensado, cabreo cantado.

Un enchufado no tiene por qué ser un mastuerzo, los hay que luego te sorprenden gratamente por su eficacia y capacidades cuando, en un principio, sólo parecían ser el recomendado de alguien que había que tragarse.

Aquellos que se implican, normalmente no le hacen ascos a un puesto porque además de las razones idealistas, también están las mundanas que son perfectamente aceptables y de las que no hay que avergonzarse.

El juego de las recomendaciones y los enchufes, a veces como sugerencias y otras, como imposición dependiendo de quién venga, está a la orden del día y cualquiera que entre en política tiene que saber llevarlo.

En mi opinión, es mejor rodearse de los mejores, a secas, que de los mejores amigos, eso sí, algún enchufado hay que comerse te guste o no.

EL 20%

Esa cifra es matemática y voy largo, normalmente es menos. Ese es el tanto por ciento de afiliados activos en un partido. De cada cien, te van a sonar las caras de veinte, los que van a las reuniones de su Agrupación, al chiringuito de firmas, a la carpa de turno, al acto de precampaña, a los mítines de campaña, en fin, a los saraos del partido.

Si quieres ser algo y abrirte camino, debes ser de ese veinte por ciento, si eres capaz de bilocarte y estar en dos sitios a la vez, mejor. Y muy importante, en las épocas malas es cuando más hay que dar la cara, hay que estar a las duras y las maduras. Ese veinte por ciento crece y decrece según como soplen los vientos de victoria, cuando las cosas van mal la gente más débil, más volátil, menos convencida, menos ilusionada, los arribistas, y todos los variados especímenes que forman el hábitat natural de un partido, se disipan. Sólo sobreviven los que aguantan en los malos tiempos, los que se quedan cuando se han ido casi todos, los que se hunden con el barco o consiguen llevarlo a su Ítaca y alcanzar los tesoros soñados. De tu capacidad de aguante y paciencia va a depender tu futuro político, pero eso es algo que tienes que descubrir tú sólo cuando vengan mal dadas porque para lo bueno todos sabemos estar.

Y quede claro que, en política siempre vienen mal dadas antes o después.

Un partido político es para los que resisten, como decía Cela: este país es de los que resisten. Resiliencia le dicen a esto ahora.

EL GOLPE DE SUERTE

A pesar de seguir todas estas recomendaciones, nada te puede asegurar el triunfo en política, eso va a depender de un cúmulo de circunstancias que se alinean o se descuajeringan por la más mínima estupidez, nunca sabes lo que va a pasar, pero está claro que si transitas por donde habita la suerte, es más fácil que esta te roce.

La mayoría de las cosas no se consiguen por casualidad, se consiguen por causalidad, una decisión crea una realidad nueva y a partir de ahí, las nuevas decisiones deben basarse en esa nueva realidad, si te guías por el mundo viejo que dejaste atrás con esa decisión, no vas a dar ni una.

De ti dependen muchas cosas y debes ocuparte en hacerlas bien, para eso te estamos dando consejos en este libro, pero hay otras cosas que escapan a tu voluntad y sobre las que no puedes hacer mucho. Puedes llegar en una buena posición para unas elecciones, bien colocado, pero por desgracia en el último momento ocurre algo inesperado, se da la vuelta la tortilla en el aire y cae casi toda fuera de la sartén. No es culpa tuya, puede haber sido cualquiera el que tiró del freno de mano del tren o quizás, ni siquiera ha sido nadie de tu partido, pero así es la vida, no es nada personal, es política.

Sin embargo, hay ocasiones de carambola perfecta, era difícil embocar la bola, pero entró. Si has sido capaz de coger un buen tren ya dependerá de ti saber bajarte por tu propio pie en una buena estación o salir con una patada en el culo en cualquiera de las que no tenías previsto ni pasar.

La suerte existe, en todos los ámbitos de la vida, en política también, pero para que te toque la lotería hay que comprar décimos, tienes que poner de tu parte.

LOS MALDITOS

Gafados, sin suerte, o idiotas que no saben aprovechar sus oportunidades, no sabría cómo calificarlos. Bracean como gato panzarriba, pero todos sus afanes se estrellan una y otra vez, no alcanzan sus objetivos porque no saben elegirlos, ni cómo alcanzarlos. Como decía Platón, que no era muy demócrata, el pueblo no sabe lo que quiere, ni cómo conseguirlo.

Al final dan pena, van dándoselas de "influencers" con apoyos estratosféricos para lo que haga falta, pero en realidad sus apoyos se acaban en los contornos de su familia y allegados. Eso sí, si les oyes hablar hasta te lo crees y lo mismo lo tienes de tu lado con su ejército que en frente y en posición de ataque si no le sigues el juego. Siempre es un ejército invisible, virtual al que se le supone suficiente fuerza para inclinar cualquier balanza.

Los he visto desde amenazantes, hasta suplicantes, pero, sobre todo: conspirantes. Pactan contigo al mismo tiempo que están contratando un sicario para que te degüelle y claro, al final se les ve el plumero. Un partido es como una corrala, lo que dices de uno o de otro, antes o después llega a ese uno o a ese otro. No se puede quedar bien y mal al mismo tiempo, esa es la mejor fórmula para quedar mal con todos. El idiota de este tipo termina cayéndole mal a todo el mundo y aunque alguien se apiade de él y termine por ayudarle, su idiocia hace que termine malgastando las pocas oportunidades que caen en sus manos.

No se os ocurra ser así, aunque si lo sois va a ser difícil que podáis evitarlo.

LA ARISTOCRACIA

Entrar a formar parte de la aristocracia de un partido es una posibilidad muy lejana, sólo lo consiguen unos pocos elegidos a base de mucho talento. Un aristócrata en política es un tipo que está por encima del bien y del mal, tiene enemigos como todo el mundo, pero hasta esos se guardan mucho de hacerlo público, está mal visto.

Hay que ser muy listo para durante años (esto no se consigue en un plis, plas) no cagarla nunca, salir ileso de todas las contiendas y que incluso los adversarios de otros partidos no quieran cuitas con él, que lo respete todo Dios, vamos.

Normalmente un aristócrata es más un intelectual que un político al uso, su capa de conocimientos y su escudo humanista lo aleja de las contiendas barriobajeras del resto, lo que le permite salir ileso de todas las escaramuzas diarias de la vida política. Esas cualidades, por el contrario, lo hacen menos atractivo como líder porque va a ser muy difícil verle revolcarse en un ring de barro dando el espectáculo que tanto anima a las masas.

Es el que da el toque de distinción, entre tanto lameculos y leales descerebrados que normalmente no dan un palo al agua, hace falta alguien que dé el callo, uno que trabaje y lo haga bien, ya están los demás para insultar, aplaudir y dar volteretas cuando la función lo requiera.

Con el aristócrata siempre cuenta el partido, siempre que no interfiera en sus planes maquiavélicos, y podrá elegir dónde quiere estar.

Hacerse con un prestigio semejante sólo está al alcance de unos pocos, para conseguirlo hay que leer mucho y tener masa gris que funcione correctamente. Esta gente suele entrar en política sin hacer ruido, y se van de la misma manera, un día se cansan, como Forrest Gump, dejan de correr y se vuelven a casa mientras la pandilla que lo admiraba se queda huérfana y sin un referente serio en el partido.

Es un camino largo y difícil, pero si se consigue, muy satisfactorio, ánimo.

LOS DOS MEJORES DÍAS

Dicen que los dos mejores días del propietario de un barco son el primero y el último. El día en que todo es bonito, como cuando estás enamorado, y el día en que te quitas un montón de obligaciones de encima, cuando vendes el barco.

Como es lógico es una generalización, pero en política ocurre algo parecido. Cuando empiezas todo son ilusiones e idealismos, nuevos compañeros, un proyecto, aventuras y muchas ganas de ponerse en marcha. Incluso los contratiempos son alicientes para luchar con más ganas si cabe. Luego el día a día te va arrancando jirones de tu propia vida, cuanto más alto llegas, menos vida personal tienes. Es un tributo que hay que pagar, si tienes niños pequeños hay que pensárselo dos veces, te vas a perder un montón de cosas que ya no son recuperables. Lo más recomendable es empezar antes de tener un proyecto familiar en sus principios, o una vez esa familia ya está consolidada y los niños en la universidad. El índice de divorcios en la clase política es algo a estudiar, a los políticos profesionales no se les ve el pelo por casa y eso es muy jodido de llevar.

Después está la tensión, constante y diaria, no hay jornada que no tenga su incendio que apagar o su crisis que torear. Hay que medir cada palabra y cada acción para no pisar una mina o evitar ser alcanzado por un franco tirador. Todo eso son circunstancias normales y consustanciales de este oficio, que hay que saber llevar y mientras hay ganas, se llevan bien.

El final, puede ser el mejor día dependiendo de cómo se gestione y quién tome la decisión de acabar. Si te han echado con una patada en el culo, o con un lacónico: gracias por los servicios prestados, seguramente no será uno de esos dos mejores días.

Por el contrario, si la decisión está meditada y es de tu propia cosecha, seguro que no te vas a arrepentir. Para empezar, vas a recuperar tu vida, te va a entrar una relajación que ni recordabas que existía y ya no habrá minas, ni franco tiradores por los que tengas que preocuparte. Dejará de sonarte el teléfono a todas horas, puede que durante un tiempo tanta tranquilidad se te haga raro, pero enseguida te acostumbras y vuelves a la vida de un ser humano normal.

A todos nos llega, en algún momento debes ir pensando en buscar la puerta de salida, sobre todo, antes de que te la enseñen otros. Recuerda que la forma en la que se entra en política es importante, pero la forma en que la dejes es, si cabe, más importante. Es mejor salir a hombros y por la puerta grande que cosido a almohadillazos.

LOS TREPAS Y BUSCAVIDAS

Espero querido lector que tú no seas unos de estos, pero si lo fueras, que de todo hay en la viña del señor, quiero advertirte que este tipo de elementos no acaban bien casi nunca en el largo plazo, en el corto es donde consiguen sus réditos. Una cosa es la ambición normal y más en política, y otra muy diferente, la inmoralidad y la falta de ética absoluta. Mientras los primeros medran para conseguir subir en el escalafón del partido o incluso llegar a cargo público, los segundos, no sólo medran si no que conspiran, engañan, apuñalan y traicionan a su madre si hace falta, venderían un hijo suyo si en el cambio creyeran obtener algún beneficio. Estas gentes actúan dentro y fuera del partido, no tienen escrúpulos ante nada, ni nadie y el escarnio público cuando sus repugnantes actos salen a la luz, se la trae al pairo, no tienen vergüenza, ni falta que les hace.

Los beneficios de estas conductas se obtienen a corto plazo, es pan para hoy y hambre para mañana, a la larga el descrédito personal que atesoran les persigue ya para el resto de su vida. Es verdad que la gente olvida rápido, ellos piensan que mañana ya nadie se acordará de lo que hicieron, pero también es verdad que vivimos en los tiempos de la información constante y permanente, es posible que con el tiempo las cosas se vayan olvidando, pero no es menos cierto que con un leve clic, el pasado vuelve con toda su crudeza.

Son sibilinos, amables, serviciales e incluso complacientes hasta donde sea necesario, no van a escatimar esfuerzos para conseguir sus objetivos, ni van a vacilar lo más mínimo para apuñalar a todos y a todo.

En otros tiempos se les llamaba traidores, y se decía que Roma no pagaba traidores, ahora no tengo tan claro ese detalle, en estos tiempos los traidores son más listos, cobran por adelantado por lo que pudiera pasar.

Si eres de esos, ya sabes, servicial hasta la complacencia y frío en la ejecución. Coge el botín y corre, cuando se descubran tus fechorías y se acabe la fiesta, vendrá el llanto y crujir de dientes.

LOS TOCA PELOTAS

No lo pueden evitar, vayan a donde vayan, les gusta tocar las partes blandas de los que mandan. Son los rebeldes con causa o sin ella, herejes, y siempre bordeando las fronteras del exterior del partido, osea, con muchas papeletas para ganarse un premio en la ruleta de las expulsiones.

¿Quién no ha sido joven alguna vez? ¿inexperto alguna vez? ¿Expulsado de un partido alguna vez? Es una experiencia por la que hay que pasar, es de las mejores escuelas en política. Si has estado en un partido, has ido a la guerra y te han matado, y no eres gilitonto, lo normal es que en la próxima campaña sepas como sobrevivir en el campo de batalla.

El problema está en los que no pasan de pantalla, se instalan en la rebeldía continua y no son capaces de obtener los conocimientos tan importantes y caros que se obtienen del fracaso. No hay nada como haber perdido para saber cómo ganar.

Al partido no se le gana nunca, excepto cuando ya no te importa perder, porque entonces perder puede ser un triunfo. Si quieres avanzar en una organización política revelarse es bueno, pero como aprendizaje, si lo llevas hasta el final, osea la expulsión, que al menos te sirva como experiencia para saber cómo hacerlo en el próximo partido en el que entres. Pero si quieres seguir en el mismo partido, tienes que saber cuándo destensar la cuerda antes de que se rompa.

Hay toca pelotas que son dignos de estudiar, nunca cejan en su rebeldía, no aprenden de las leches que se llevan, bordean siempre los límites de la expulsión para seguir dentro y nunca se van por su propio pie, siguen ahí, tocando los colgantes por el puro deleite de tocárselos al de turno. Supongo que algunos placeres deben de obtener de todo esto.

LOS BUENISTAS

Ni tanto, ni tan calvo. Ser un toca pelotas todo el tiempo es un error, pero ser un alma bendita que no habla por no molestar, tampoco es una buena estrategia. No se debe intentar caer bien a todo el mundo, entre otras cosas porque no lo vas a conseguir. Tener enemigos no es malo, significa que estas vivo, se te ve y se habla de ti, como se suele decir: que hablen de uno siempre es bueno, aunque sea mal.

Aquellos que pasan por los partidos como una leve brisa que no da ni frío, ni calor, tienen unas posibilidades de avanzar muy limitadas. Suelen ser buena gente, incluso con buenas ideas, pero les falta algo muy importante en política, la sangre en las venas. Hay que saber caer bien a la mayoría, pero no a todo el mundo, siempre hay unos cuantos a los que hay que plantar cara porque, la política es un juego de o conmigo o contra mí, si te quedas en tierra de nadie eres carne de cañón por disparos de todos los frentes. No habrá piedad con los enemigos, pero con los insulsos, tampoco.

El buenismo es una postura muy cómoda, pero, como tal, impide la acción enérgica; no se puede ganar una carrera de velocidad partiendo desde el sofá de casa. Bueno sí, tonto no.

Cuando eres pequeño hay una etapa de la vida en la que puedes llegar a creer que le vas a caer bien a todo el mundo, conforme vas creciendo te das cuenta de que eso no es verdad. En el periplo vital todos vamos sumando enemigos, unos por acción y otros por omisión, y luego están los químicos, los que sólo entrar a una habitación y notar su presencia ya te erizan los pelos, es inevitable, pura reacción química de repulsa que no se puede controlar.

Así que, sin miedo pardillo: bueno sí, pero tonto no. Cuando haya que sacar las uñas, ni un paso atrás.

LA TEORÍA DE
LAS GALLINAS

Si entras en un corral de gallinas a lo loco intentando coger la primera que se te cruce, lo más probable es que no pilles ninguna y te pegues una "pijá" de correr, pa na.

Hay que elegir una e ir a por ella por encima de todo, no importa que se te crucen otras y parezcan más a mano, tú a por tu gallina hasta que la pilles. Esto es exactamente lo que tienes que hacer en política, elegir una gallina e ir por ella, con decisión y sin vacilaciones, nada de ir de flor en flor sin saber dónde poner el huevo.

Quieres ser Concejal, pues a por un buen puesto en la lista, Diputado, tres cuartos de lo mismo, Ministro o Senador, da igual. Una vez decidida la presa, te encontraras con el problema de la gallina bonita que codician varios. Ese problema hay que resolverlo con inteligencia según sean las proyecciones electorales del partido. Si el partido tiene buenas perspectivas lo mejor es una buena negociación, en ese caso hay gallinas para todos, no tiene sentido enfrascarse en una guerra sin cuartel en la que alguien se quedará sin gallina. A veces es mejor sacrificar una gallina por otra, quizás no tan bonita, pero gallina al fin. Si hay posibilidades, nunca ir varios por la misma gallina, hay de sobra para todos.

Otra cosa es que las pinten bastos y el corral esté más vacío que lleno, ahí la cosa se complica porque ya no hay tantas para elegir, entonces, si no es posible un acuerdo entre los contrincantes más fuertes, no queda otra que tirarse a por lo que halla con navaja entre dientes. En esos casos los contrincantes débiles que no van a pillar seguro, si pueden ser de gran ayuda estorbando a uno u otro de los fuertes, conviene llegar a un acuerdo con ellos y que al final puedan probar del caldo de la gallina que ayuden a coger.

No olvidéis nunca la teoría de las gallinas.

LOS CALENTONES

Recuerdo una conversación de un Jefe nacional de un partido: "yo he visto suicidarse políticamente a mucha gente por un calentón". Tiempo después el que se suicidó políticamente fue él, y no por un calentón, sino por un papelón...pero tenía mucha razón en lo que decía, los cabreos descontrolados y las cabezonerías por lo que sea, da igual, te pueden llevar a tirarte por una ventana sin vuelta atrás, una vez que estás cayendo en el vacío no hay moviola.

No van a ser pocos los calentones que os vais a encontrar en este mundo, pero hay que saber contenerlos, nada de responder al impulso primigenio de devolver la estocada, te aguantas el grito de dolor, te presionas en la zona del tajo para parar la hemorragia y te vas a curarte y reponerte, a coger fuerzas y mientras, piensas como la vas a devolver, si no ha sido mortal, siempre llega la oportunidad.

Cada vez que te la hagan, tranquilidad, paciencia y tiempo, es difícil, lo sé, porque lo primero que se te viene a la cabeza es el principio de acción/reacción, pero esos impulsos generalmente son irreflexivos, poco preparados y probablemente desde una posición de desventaja con lo que sus resultados son bastante mediocres. En política los tiempos son fundamentales para todo, una de las cosas que te llevas a la vida civil después de pasar por la política es la virtud de aguantar información sin soltarla según te llega, eso de: "sabes que..." te lo piensas más y lo guardas para el momento apropiado, es un poco de maquiavelismo y de estrategia que siempre es buena.

Contra el calentón, dos grageas de "Enfriatón".

LAS FÁBRICAS DE RUMORES

En todos los partidos hay fábricas de rumores, la desinformación es un arma muy peligrosa y hay auténticos saboteadores de la verdad. "Malmetientes" les llaman en algunos sitios. Se dedican a decir que fulanito se acuesta con fulanita, que menganito ha dicho de ti que pusiste verde a zutanito, que aquel dijo no sé qué barbaridad de no sé quién, en fin, como te puedes imaginar, todas cosas bonitas para encabronar y poner a unos contra otros.

Tened claro que siempre hay alguien hablando mal de vosotros, aunque os parezca imposible, con lo buena gente que sois. Aquí se cumple la celebérrima frase: ¿qué delito cometí contra vos, sino el de haber nacido? Pues sí, justamente habéis cometido el delito de haber nacido y estar dando por saco precisamente en un partido, y con eso hay más que de sobra.

Mucho cuidado con las cervecitas y los cafetitos, donde se suelta la lengua a pasear y luego te enteras que van diciendo por ahí que dijiste una de las gordas de alguien, y lo peor, es que ya dudas de si lo dijiste o no, porque claro, en una conversación distendida, entre "amiguetes" quién no ha desparramado alguna vez. Desterrad la palabra amigo entre los conocidos de un partido, son compañeros de partido, y ya lo dijo aquel con ojo muy fino: "hay amigos, enemigos y compañeros de partido".

Cualquiera en un momento dado, ese que te era tan fiel, no dudará en utilizar algo que dijiste en un momento de confidencialidad, al calor de la confianza, para ponerte a los pies de los caballos.

Es política, nada personal.

LOS PANTALLAZOS

Es la herramienta de moda en un partido, hay que temerles como a una vara verde. Ahora todo se hace a través del teléfono móvil, a veces me pregunto cómo vivíamos antes de que se inventara, porque creo recordar que vivíamos y no era una vida tan mala.

Los pantallazos del móvil se han cargado Presidentes, ministros, consejeros, alcaldes, concejales, matrimonios, delatado a asesinos, etc. no tienen piedad, cualquier cosa que tenga vida es una presa para su voracidad.

Y no son un golpe que venga de otro, es un autogolpe, es como un proyectil lanzado y del cual ya no puedes controlar la trayectoria, se supone que va dirigido a un objetivo, pero una vez que lo lanzas adquiere vida propia y en cualquier momento viene hacia ti con una precisión inviolable, porque te conoce perfectamente y no puedes esquivarlo o excusarte, es un hijo tuyo nacido de tus propias manitas y de tu irresponsabilidad.

Antes de poner por escrito una prueba de tu culpabilidad piénsalo dos veces, ningún asesino deja una carta escrita explicando el móvil de su crimen. He visto pantallazos asesinos salidos de las entrañas de los compañeros más leales, que, al parecer, no eran tan leales, y el cabreo no soluciona el estropicio de un buen pantallazo. Podrás hacer la croqueta, pero ya no tiene remedio. Mucho cuidado con lo que escribes porque en el teléfono equivocado, a donde no llega por equivocación, es una carga de profundidad que puede acabar contigo. Dicho queda, también quede dicho, que alguna vez, todos la hemos cagado con el móvil.

LA ESPANTÁ

Si escuchas una especie de redoble lejano que va aumentando, ves que el agua de los vasos empieza a hacer ondas y las sillas y los cuadros comienzan a temblequear: ¡corre!
Es la espantá, lo mismo que una estampida de animales en la selva, pero de políticos en un partido, lo mejor es correr en la misma dirección que la marabunta, muchos no saben ni por qué corren, pero corren, porque si todos van en una dirección ¿será por algo?

Ese algo siempre suele ser el mismo, alguien la ha cagado, y si es alguien muy importante la espantá es enorme, si es una pieza pequeña entonces la huida es de menores proporciones.

Luego, cuando ya están lo bastante lejos del apestado, y lo dejan en una esquina solo, como si fuera a tirar un córner, se paran y empiezan a buscar las razones de tanto correr. Podrás escuchar de todo, pero, sobre todo, vas a escuchar eso de: era necesario, el partido lo necesitaba, habíamos llegado a una situación insostenible, y sobre todas las cosas: fulanito es la solución. Porque a rey muerto, rey puesto.

No importa cuántas espantás tengas que correr, tómatelo como unos San Fermines, y corre tantas veces como sea necesario, te va en ello la vida, la vida política. Tampoco te preocupes por las razones, en el fondo puede que te den vergüenza, si es que la tienes, pero te puedes conformar pensando que es una cuestión de supervivencia, pura y dura.

EL DÍA DE LA LIBERACIÓN

El grandioso día de la liberación, es como un hechizo mágico que sólo les llega a algunos, qué le vamos a hacer, la magia no está al alcance de todos.

Puede aparecer por un hecho traumático, por cansancio, por iluminación, da igual, si te llega te liberas de todos tus miedos, es como si hubieras conseguido una armadura indestructible que te protege de casi todo, porque te da igual todo.

A partir de ese día ya no necesitas nada del partido y, sin embargo, estás en la mejor disposición para darle mucho a la organización. Te conviertes en una especie de samuray que va hacia los adversarios sin preocuparte por si te dan, no hay quien te pare, y vas destrozando posiciones de los contrarios con una valentía inusitada. Es verdad que esto desconcierta a los tuyos porque han perdido el control sobre tus actos, pero el territorio que vas conquistando y los cadáveres políticos de los otros que vas dejando a tu paso, siempre es un botín de agradecer.

Normalmente, cuando llegas a ese estado es porque vas buscando la puerta de salida por elección propia, pero tampoco es obligatorio, si te sientes con ganas puedes seguir hasta que el cuerpo aguante y el partido te lo permita. Ahí se pueden dar dos circunstancias, una que te conviertas en un guerrero legendario con derecho propio a un asiento en el Olimpo, con lo cual podrás negociar tu continuidad en un puesto de honor, si es que te apetece seguir.

O que te conviertas en el coronel Kurtz de Apocalipse now y tengan que mandar una misión para aniquilarte desde tus propias filas. Para el caso da lo mismo, porque tú ya eres un alma libre que no espera nada, ni nada anhela, te has liberado de las ataduras mundanas de la política y te has vuelto un ser sabio, aunque peligroso para aquellos que tienen que pilotar la nave y necesitan tenerlo todo bajo control.

Tanto en un caso como en otro, recuerda que el partido ha sido tu familia, y las cosas de familia se trajinan de puertas para adentro.

EPÍLOGO

Espero que las lecturas de estas páginas no os hayan parecido irreverentes, nada más lejos de mi intención, la política a pesar de todos sus lados oscuros, es un arte noble, e imprescindible.

Todo el mundo echa pestes de los políticos, pero imaginad que ocurriría si de la noche a la mañana desaparecieran de repente todos, os aseguro que sería un sin Dios.

Como en todas partes en ese mundo hay gente indeseable y personas estupendas, que de todo hay en la viña del Señor. Las situaciones y los personajes que vienen descritos en estas páginas están estereotipados para que sea más ameno y comprensible el ambientillo de esos hábitats que son los partidos políticos.

En su justa medida y sabiendo interpretar lo que se lee entre líneas, podéis extraer buenos consejos para sobrevivir a ese campo de minas rodeado de francotiradores que es el día a día de nuestros políticos en este país, y seguro que en cualquier otro, en otros es peor, países donde todavía hacer política te puede costar la vida.

Que no se os quiten las ganas de hacer cosas por vuestros paisanos, id a la política como Don Quijote acudía a sus aventuras, llenos de ideales y de bravura, luego ya vendrán las contiendas con los molinos de viento.

Los testimonios y las experiencias relatadas en este libro son con conocimiento de causa, todo lo que se cuenta lo hemos vivido en nuestras propias carnes, somos supervivientes, aristócratas y liberados, y a mucha honra.

Así que ¡ánimo, valor y al toro!